JN438560

참 좋은 당신

붓이 먹물에 안기면

금제 김 종 태 시집

도서출판 채 운 재

시인의 말

1995년에 첫시집을 내고는
서예에 비중을 두느라
詩농사 짓는 데는 게을렀다.
이 시집이 세번 째 시집이지만
틈틈이 쓴 졸시 란걸 알기에 부끄럽다.
그동안 서양화에도 손을 대 보았지만
녹록치 않다는 걸 알았다.
다양한 체험으로 행복하다는 생각이 든다.

2012년 여름

묵향이 묻어나는 서실에서
김종태

| 차례 |

제 1 부 | 붓이 먹물에 안기면

제2부 | 정상을 향해서

제3부 | 우리 사랑 돌이 될까

제1부

붓이 먹물에 안기면

붓이 먹물에 안기면

겹겹이 쌓아올린

무게와는 무관하게

붓이 먹물에 안기면 다소곳 몸사린다

서예가 일필휘지에

파르르 떠는 화선지

봄 산

진달래 불 지르네

온 산이 타고 있네

내 맘 까지 불타드네

누가 와서 좀 말려 줄래

진달래 불장난하다가

봄 산 다 태우겠네.

춘삼월

산 능선 올라서니
진달래가 먼저 와서

화사한 미소까지 띄우며 유혹한다

한 가슴 불 지필 산야
가슴 가득 담는다

잦아 든 봄기운에
수잠 튼 여인처럼

꿈만 같은 그대를 예서 또 만나다니

삼삼한 분홍저고리에
씨 뿌리는 아지랑이

탱자가 익어가는 길

고향의 과수원 길 탱자 익는 울타리 길

하모니카 불면서 그 길을 걸었었지

탱자 향 잊을 수 없듯 그 친구 잊을 수 없어

추억의 과수원 길 다시 걸어 보고 싶어

하모니카 꺼내어 옛 생각 부른다

인걸은 가고 없는데 홈을 파는 그리움.

산벚꽃 피는 봄날

이마에다 사계를
치렁치렁 걸친 산
내 연인이라 이름 지어 불렀다

나는 산을 사랑했다
허우적이며
뒷걸음치며
밀쳐내도 너를 떠날 수 없었다

반평생 내 벗이었거늘
이승 접는 날까지
나 그대 품을 거닐겠네
거닐다가 다리가 아프면
그대 품에 눕겠네
산벚꽃 피는 봄날이면
더욱 좋겠네.

四季

연초록 짧은 치마 어린 네가 귀여웠다

진초록 드레스에 긴 목이 아름다웠다

발그레 달아오른 네 모습은 너무 예뻤다

가을바람에 한 잎 두 잎 벗는

알몸이 더 황홀했다.

비 내리는 날은

비야 오려거든

내 정수리까지 퍼부어라

사색이 출렁여서 좋고

메마른 풀잎입술 적셔서 좋고

우산 속 연인들 속삭임이

커피 한 잔에 떠오르는 벗이

토닥토닥 등 두드리는 흐느낌이 있어

더욱 좋은 날…

안개비

안개비 솔잎 끝에 앉아
살랑살랑 시소를 타고있다
방울방울 내 눈빛을 타고있다

메말라 부르튼 풀잎입술 적시려는지
풀잎위에 모여서 왁자하게
눈동자를 굴린다

물꽃베일 뒤에 숨어버린
그대 청옥빛 눈동자처럼…

계골 물

땀 흘리며 왜 산을 오르느냐고?
계골 물이 물어왔다
물은 졸졸졸 힘 안들이고
몸만 낮추면 아무 곳이나
쉽게 흐른다고 자랑한다

나는 굴하지 않는 물이 좋다
자유인처럼 유랑하는 물을 사랑한다

높은 곳을 오르려고 용쓰지 않아도
목마른 자 목 적셔주고
땀 씻어주는
계골계골 계골을 노래하는
물처럼 살고 싶다.

모시옷의 매력

인생도 모시옷 속 스며드는
바람같이 살가워지기를 원한다

바람은 자기가 만지고 싶은 것은
다 만져보고 몸 속속들이
시원한 간지럼을 태우기도 한다
바짓가랑이 속으로 들어가서는
두리번거리다가
거시기를 보았는지
피식피식 웃으며 좋은 구경 잘 했다고
박장대소하고 달아난다.

흔들리네

휘황찬란한 가등불빛사이로

은행잎나비들이 군무를 하네요

호프 한잔 비우고 나니

세종로가 나비떼로 흔들리네요

마구 치솟던 나비들이

자동차 바퀴에 함몰하네요

취기에 세종로 가 흔들리고

호프잔이 흔들리고 내가 흔들리네요.

천년 송

천년을 꿈꾸면서
늘 푸른 *백송으로

설한풍 이기면서 견뎌내는 비운마음

그 기상 천년을 향해
절 마당 청청하구나.

* 조계사 뜰에 있는 600년 된 백송.

태양을 기다리며

구름 낀 날이라도
희망은 포기 않는다
태양은
구름 속에서도 떠오르고 있으니

기다리고 기다리다 보면
밝은 햇살로 예쁜 꽃술로
노란 옷 입혀
나들이 나올 꽃들

설령 꿈을 포기한 먹구름이라 해도
조금씩, 조금씩 피어나는
꽃잎을 보라
태양을 기다린 보람이 아니더냐.

해바라기

이른 봄
아지랑이 속에서
숨을 들이키던 해바라기
해가 끌어당기면
외골수로 해만 쫓아가더니

여름이 끝나자
해만 쫓던 모가지가 길어
골절이 되었는지
고개 떨구고
땅만 보고 있네.

여명

발그레 얼굴 붉히는 동녘 하늘

등대는 아직 잠이 덜 깼는지 불빛파도로

철석철석 내 뺨을 때린다

포말을 물고 있는 여명이

일체로 숨을 고른다.

바위처럼 살고 싶다

파도는 바위를
수없이 두드린다

잠시 쉬었다가도
큰 바다로 나가자고
세차게 두드린다
바위는 묵묵 부담
누가 뭐래도 태어난 곳
내 무덤이 될 거라며
까닥하지 않는다

바위와 살 맞대고
파도가 입질하는 예서
한 사나흘 쯤 쉬었다 갔으면…

산다는 것

언제나 봄일 수 없고, 여름일 수 없듯

동작 그만!

머리칼에 서리가 반작이네

열매가 영글음은 가을이 말하고

곳간에 거둠은 긴 겨울이 말 하네…

삶

연약한 벼 포기 진흙에 뿌리박고
파릇파릇 땅심 익힐 무렵 쏟는 비
긴 장마 논물에 푹 잠겨 허우적거리다가

오뉴월 무더위에 쑥쑥 자란 벼 포기
안간힘 자랑하듯 물결치는 들녘으로
외마디 큰 소리 토한다 고래고래 토한다

물 구렁서 자란 것이 뭐 대단할까 마는
알알이 매단 황금 들녘을 보면
풍성한 노적가리가 부럽지 않은 것을.

파란 눈의 당신

건널목 건널 때는

그녀 마중 받는다

그러는 당신이 참 좋다

멈칫거리지 말고

앞으로 나아가라고

토닥이는 당신은 나의 동반자다.

지구 반대편에서

서울 생활 바쁘더니
미국와도 바쁘구나

미국온줄 모르는 지인
밤낮을 알까마는

따르릉 전화 받다보니
밤새우기가 보통이네.

어머니

잉걸불로 타오르던 불길은 어디갔소

따뜻함도 단아함도 수저 놓듯 놓으시고

호롱불처럼

입김에도 건들건들 흔들리는

어머니! 울어머니…

구십 노모

천마산 관음봉 올라 부처님 뵙고 내려와

구십 노모 바라보니 노모가 생불이시네

올해는 무재칠시無財七施 글 보시

행하려는데 어쩌나!

겨울 해수욕장에서

낙산 해수욕장 모래알들
하얀 포말에 쓸리고 쓸린다
보낸, 여름날의 추억은
하얀 거짓말이라며
모래톱에 묻었다 끄집어냈다 한다

세찬 바람과 모의라도 한 듯
집채더미만한 파도
우두커니 서 있는
설렌 내 마음 후려친다

해변 방풍송림처럼
묵언좌중
겨울정진에 나는 까딱없다.

제2부

정상을 향해서

海東은

*해동海東으로 인연 맺은
면면이 만난 얼굴

하나같이 편안하다 정감이 넘쳐난다

한 뭉치 귀한 묘목처럼
군데군데 심어 지리

정성으로 자리 지켜
자란줄기 장대하게

푸르게 푸르게 세계로 벋어가리

해동은 해동지킴이로
승승장구 빛나리

* 서예인들의 모임 이름

산 · 1

山이 불러 산에 가네

산엘 가면 산친구를 만나고

후유~ 심호흡에 산이 작아지고

후유~ 심호흡에 준령을 뛰어 넘는다네

사는 일이 산행과 같아

정상을 오르려는 끈기만큼

정상은 눈앞에 있다네.

산 · 2

山벗이 그리워서 산을 오르네

호방하고 곧고 넉넉한 가슴에다

나긋하고 심지가 굳은

山벗들을 만나러 산에 가네

녹음 계곡 설화 속에

참 벗 있어 산을 탐하네.

산 · 3

흰구름 걸터앉은 높은 산골짜기로

산들의 숨소리 도란도란 흘러내린다

내가 산을 탐한다는 걸

산은 다 알고 산문 열어 주는 걸까

정상은 아무나 오를 수 없다는 걸

산에서 깨달았네. 산이 말하네

산 · 4

하루를 산에 머물다 보면

산이 나를 그냥두지 않는다

산이 나를 가르치는 깨달는 지혜

나를 존제감에 우뚝 서게도 한다

산이 내게 주는 화두가

나를 산이게도 한다

*황산黃山

긴 세월 그림자 뒤에 놓인
4만개의 돌계단
옛 선인들 정소리 귀를 치는 듯

절벽난간 제비소나무
단애의 괴로움 펴
바위를 갈라놓은 외줄기 길

72봉이 머리 숙이고
迎客松 반김에
나를 찾기 바쁘다.

*중국에 있는 명산으로 72봉 봉우리와 영객송,
돌계단이 장관을 이룸.

버릇

참이슬 술로 입산酒 해야지

산행에 지치면 중간酒 해야지

정상을 올라서서는 정상酒 해야지

자리 펴고 허리 펴며

하산酒 해야지…

곡달산 가는 길

곡달산 가는 길은 한강이 지나간다

안개 속에 강은 푸득푸득 살아나고

가슴에 안겨오는 일출을 보며

나는 희열에 떤다

곡달산 정상을 단숨에 오르는 힘은

일출의 힘이다

그러나 곡달산은 내 발아래 엎드려있다.

정상을 향해서

헉헉 산을 오른다
겹겹 산맥들이
구름 띠 두르고
구도자처럼 정진하는 산에서
성스러워 합장한다

웅장한 산 앞에서
인간은 이처럼 나약한지
내 몸이 종잇장처럼 구겨진다

정상을 향해 치달았던
갈망했던 청춘
훔친 땀 강을 이뤄 흘러 보냈던가
나 이제 거대한 바위산 틈서리에
반백년 놓아두고
서서히 하산 해야겠지…

눈 오는 날 산행

펼쳐놓은 하얀 카펫
위를, 걸어가는 터질듯 한 가슴
나는 설산의 황제다

눈 덮인 산정에서
산신령께 무사안전 빌고
정상酒 한 잔에
무한의 날개를 단다
산정을 날아다닌다

산은
나를 붙드는데
떨치지 못하는 세간사 인연
설원을 버리고 돌아서고 마는…

가을 숲

이파리 사이사이 눈알 굴리는
겨우살이 바쁜 다람쥐 가족

바위에 머릴 받고 한 구석 모로 누워
몹시 허탈한 도토리들

손만 가도 톡톡 쏘던 새침데기 밤송이
가슴까지 활짝 열어놓고 유혹 한다

동장군 앞에
연지볼이 되어가는 가을 숲은
유구무언이다.

개미집을 밟지 마라

저 일개미들은 가느다란 허리로
제 몸 열배 되는 무게의 먹이를 끌고
무리지어 가파른 길을 오고 간다

비온 뒤 개미들이
빗물에 무너진 집을 보수하느라
줄을 긋듯 등산길을 막고
필사적으로 표적을 향해 나아간다

무심코 개미집을 밟고 가듯
인간 삶도 강한 자에
뭉개지고 으깨지는 일 다반사니
산을 타는 사람들은
작은 미물에도 신경 쓸 일이다.

아침 산행

해돋이 아침공기
더 없이 상쾌하다

아침 산 두드리는 산새들 하모니에

바위 틈 옹달샘 하나
물빛이 푸르다

알싸한 물맛으로
오고가는 말목 잡고

까치 한 쌍 까악까악 뜻 모를 소리에

다람쥐 까치 쫓다가
가쁜 숨 가지에 건다.

솔바람

비봉으로 기지개켜는 솔바람
삼천사 풍경을 두드리고
산수화 콧등을 건드린다

산자락 물고 엎드린 계곡
인적은 없다
그윽해라, 솔바람 향기

어깨 으쓱하는 장군바위
겨우내 썼던 투구 벗고
마중 나와 꾸벅꾸벅 맞절하는데…

싸늘한 소식

추적추적 겨울비 내린다

이별이 낙엽처럼 구른다

이별이 빗물에 쓸려간다

싸늘한 소식으로 내려앉는

너는, 빗방울소리로 와서

빗방울과 함께 사라지려는가!

고향

어머니 얼굴 스멀거려 고향엘 간다

그립던 고향의 얼굴들 보이지 않고

눈 익은 뒷동산 감나무만 훌쩍 자라

빨갛게 매단 홍시가 나를 반긴다

고향이 스멀거려 고향에 간다

고향은 먼 산처럼 그리움 속에서만 자라고

내가 찾는 고향은 고향에 없다.

귀향

당신 품에서
젖 먹고 자라서
많은 것을 배우고 누리다가
당신 품으로 돌아갑니다

내가 태어난 땅에 감사하고
눈 시리게 키워 주신 어머님께도
그리고 바람에게도
감사하고 감사합니다

내 주위를 서성이며 그늘을 주신
당신 품으로 이제 돌아갑니다.

삼월의 가운데 날

봄의 입김이 땅을 흔들었다

겨울잠 취했던 굳은 가지들

할 말이 많은 듯 갸웃갸웃 기지개 켠다

게슴츠레 눈 뜬 버들강아지

보송한 꼬리 흔들어 봄바람 꼬셔오고

얼어붙었던 진달래의 훈훈한 입김으로

온 산에 불지를 듯…

인디언아파치족
– 결혼축시

이제 두 사람은 비를 맞지 않으리라
서로가 서로에게 지붕이 될 테니
따뜻한 동행이 될 테니

두 몸이지만
한 몸이니
이제 그대들의 집으로 들어가라
함께 있는 날들 속으로 들어가라
옹기종기 흑진주아이들 낳아
혈족 이어가리라
그대들은 축복 받으라
이 땅 위에서 영원하리니…

카나다를 가다

카나다를 여행 와서
평원을 달리다 보면
드넓은 들판이 탐나 꿈틀거리는 것은
좁은 땅 길 든 민족성일까
한 자락 뚝 떼어
백령도에 붙였으면 하는 마음
굴뚝으로 불을 뗀다
독도에다 붙인다면
일본이 탐 내 눈에 불을 켤 것이고

욕심 부리는 것은
내 맘이니 뭐랄 뉘 없는 이곳에서
카나다땅을 뗐다 붙였다
하는 이 풍성한 자유를 만끽한다.

나야가라 폭포

폭포 앞에 서니
목청껏 소리치는 폭포가 부럽다

나도 소리 한번 크게 지른다
나이야 가라고…
내 나이 얼마인가

폭포와 숨결 겨루니
내가 한참 젊어 졌네.

붉은 악마

대한민국 함성으로 붉게붉게 물들인다

결집의 온상이다 국력의 표상이다

악마는 붉은악마는 위대한 국력이다.

눈꽃 속에 묻으려하오

쌓이네!
눈이 수북이 쌓이네!

그대가 눈 위를
자박자박 걸어오시네

그대향한 미련 따윈
눈꽃 속에 묻으려하오

땅 끝까지 함께 가서
녹고 녹아
목마름 적시는
물길 트지 않겠소?

제3부

우리 사랑 돌이 될까

길

산에는 보이지 않는 길이 있다
지팡이도 없이 왔다가
내려가는 이 있다.

바다에도 보이지 않는 길
닻 없이 바다에 내리는 이가 있다.

한 길 가는 이가
한 길로만 가라고 외치고 있다.
정상에 오를 때까지
바다에 이를 때까지,

이슬

이른 아침 길을 가다가
반짝이는 이슬에 걸려 넘어진다.

풀잎에 잠자던 이슬
하늘길 서두르는 모습
눈물겹게 아름답다

너처럼 자유로울 수 있담
내 사랑하는 이에게로
그침 없이 다가가
목마른 입술 적셔 주리니.

목련

창가에나 등너머

무리지어 나는 하얀 새떼

그 새떼를 좇다가

하얀 낮달이 되었습니다

하얀 새떼의 깃털이

뭉텅뭉텅 떨어져 내리더니

부리 파란 새떼가 되었습니다

아기 봄을 지저귀고 있습니다.

만추晩秋

따살한 햇살
땅바닥 내려앉아
노랑 잎 빨강 잎 만지고 논다

입 벌린 밤송이는 옆에 앉아
도란도란
가을 얘기 줍고 있다.

누구를 보내고
누구를 맞이하는 계절의 갈림길

하얀 옷 곱게 입은
설화각씨 오신다고
따살한 햇살 바빠만 진다.

소백의 아침

자박자박 복도의 발자국 소리
세간의 시끄러움이
소백산자락에 다 모여드네

앞서 가는 산 마음
소백산 비로봉에 올라 있고
등산화 졸라매니
산행 재촉하는 배낭의 흔들림

산은 시시각각
변화무쌍하고
나는 산에 올라서야
세간사를 날려버리네.

산장의 별밤

춤추는 촛불 옆에

혼자 우는 자리끼

산장에 묵은 객

촛불만 태운다.

봄 편지

겹겹 낙엽 이불 속 잠들었다가
그대 다가서는 발자국 소리에
화들짝 놀라 깨어납니다.

인왕산자락에
진달래꽃처럼
멀리서도 그대 얼굴 화안이 보입니다.

혼자인 듯 둘인 듯 우린 하나입니다.
당신 가까이
봄 햇살처럼 다가가
당신이 숨쉴 수 있는 산소이고 싶습니다.

우리 사랑 돌이 될까

그대 눈을 처음 들여다본 후
당신을 향한 마음
푸른 나무로 서 있고 싶었다

말하지 않아도
그대와 나 해를 떠날 수 없는
해바라기처럼

세월이 지나다 보면
우리 달라질까 몰라
손가락 사이로 반짝이는
모래알 될까 몰라

바람에도 날리지 않는
우리 사랑 돌이 될까 몰라.

하늘은 큰 거울

거울 속에 가을이 들어앉아
색조 화장을 한다

동문들의 축제 한마당
응원하는 사람들
물구나무선다

운동장이 비틀거린다
거짓 없는 거울에
파랗게 그물맥이 일어선다

하늘은 지구보다 더 큰 거울이다

석모도 산행

갯벌 숨결 파도 옆에 잠들고

북녘의 선바람 상봉에 걸터 쉬며

보문사 풍경소리 귀 기울여 듣는다

옛날의 풍경소리 어디로 가고

이 생의 업보 가슴 소리만 더 크다

여래입상 품은 미소

중생들 마음 돌려 비운다.

기러기

빈 하늘에 부호를 찍는다

떼 지어 날아도 질서가 있구나

저문 하늘에 반야경을 외우며

부호를 지운다

바람은 눈을 타고

싸늘한 소식이 흩날리다
나의 눈을 들여다 보는
벗은 나무

하얀 여백 위에다
헝클어 놓은 낱말들이 채곡채곡 쌓인다

바람은 갈대에 다가가
흔들리는 연유를 물어 본다.

꽃잎의 외출

앞집 담장의 장미 아씨
화려한 외출
바람은 시새움하듯 장미아씨 종아릴
툭툭 건드리고
닳아 오른 볼 담장을 불질렀네

힐끗 힐끗 넘보던
돌이 녀석
함부로 꺾을까
조바심 탔네만

이제 어디에도 네 모습 보이지 않고
화사하던 추억의 꽃자리에
흉터처럼 응어리 달고 섰네.

파란 우산

상큼한 아침
자루 없는 파란우산
머리 위에 있다

반짝이는 거미줄
한 줄 걸어두면
사랑이 걸터앉아
그네를 탈까

빙 돌아봐도
파란 우산
자루는 없다.

관심

아침마다 나는 산의 허리를 만진다

허릴 만지는 버릇이 생겼다

바둑을 두듯 머리를 맞대고 서로를 읽는다

미끈한 나무 허리 비비대다 보면

나도 나무가 되어간다.

커피 향

그대와 단 둘이 커피를 마신다

두 눈빛이 커피잔에 부딪히는 순간

잔에 동동 뜨는 입술

우린, 눈으로 말을 한다

눈빛이, 마음이 잔에 투영되는 짧은 시간

긴 말을 주고받는다.

그리운 사람아

차 한 잔으로 확인하고 싶은 마음에
찬 비 내리네

하고픈 말이 많은 날
비가 내리는 연유 너는 알까 몰라

한 송이 꽃으로 피어
내 침상 머리맡 꽃병에 꽂혀
잠시라도…

이룰 수 없는 꿈이라면
봄 날
라일락 꽃잎 꽃잎에 내 그리움 실어
당신 창가
한 잎, 두 잎 흩날리겠소,

용광로

끓고 있다
골골마다 계층마다
한마음 불을 지펴 붉은 피가 끓고 있다
오직 한 곳으로 향해 녹아 넘치고 있다

누가, 저 붉은 악마의 손과 발을 멈추게 하리
밀려드는 붉은 물결을 막을 수 있으리

둥둥둥 북을 울려라
대 – 한민국을 외쳐라
세계의 골골 마다 스며들어 알려야 하느니
태극기가 치마가되고, 손수건이 되고
망토가 되어 세계를 펄럭일 때
저들은 우리를 월드컵 나라로
아니, 붉은 함성의 나라,
열정의 나라로 기억되리니
둥둥둥
붉은 악마여! 북을 크게 울려라.

믿음

아니!

이럴 수가

자꾸만 생각 해봐도

한쪽 뺨을 내주어야 겠다.

눈이 내리는데

눈이 내리는데
쌓인 만큼 추억이 쌓이는데

희열이 푹푹 빠지는
눈의 터널로,
보드라운 숨결로
자박자박 누가 걸어오고 있다

상처와 통증사이로
오가던 청춘이
백지 위를 더듬어
활자로 살아난다.

계곡의 사물패

물들의 아우성이다

어디서 왔는지
서로 확인하지 않고
낯선 얼굴끼리 보듬고 비비는
함성이다

묻지도 않고
한 몸 하나 되자고
自淨의 목소리 높이는
뉘라 물을 씻으랴!

바람아

높은 산 바위는 흔들지 못하는지

바다로 내려와 미쳐서 날뛰더니

내 몸에 비집고 들어와

바람이 되자고 보챈다.

구름아 바람아

만나면
스치는 풀잎 같고
바다 속 같은

여인아
다 줄 수 없는 먼 거리에서
대론 산봉우리로
때론 강바람으로 사느니

흐르는 바람의
구름의 고리로 머무느니
차라리 어둔 사막
목말라 하늘 우러르는
별바라기가 되자구나

붓이 먹물에 안기면

초판 1쇄 2012년 7월 20일
초판 발행 2012년 7월 25일

지은이 김종태
펴낸이 양상구
웹디자인 김태완
펴낸곳 도서출판 **채운재**
주소 100-861 서울시 중구 충무로2가 49-8
(서울빌딩 202호)
전화 02-704-3301
팩스 02-2268-3910
손전화 010-5466-3911
이메일 ysg8527@naver.com
정가 10,000원